Palabras de Bienestar

Inspiración para conectar con la alegría y la paz interior

Kate Vredevoogd
ilustraciones por Miette Bennich

Palabras de Bienestar
Copyright © Kate Vredevoogd, Wanderlust Words Publications, 2021.

Para más información sobre esta autora visite www.wanderlustwords.com

Queda prohibida, sin autorización de la autora, cualquier forma de reproducción, distribución, comunicación pública o transformación de esta obra.

Todos los derechos reservados.
Traducido por Kate Vredevoogd.

Categoría principal—BODY, MIND & SPIRIT / Inspiración y crecimiento personal
Otra categoría—AUTOAYUDA / SELF-HELP / Crecimiento personal / Felicidad

Primera Edición

Para uno de mis primeros y más grandes maestros. Estás entre estrellas ahora, papá, donde tu luz de guía sigue brillando.

Bruce Allen Vredevoogd, 1952-2021

Consciencia.

«Sé claramente consciente de las estrellas y el infinito en lo alto. Entonces la vida parece casi encantada después de todo».

—Vincent Van Gogh

«Tan pronto como honres el momento presente, toda la infelicidad y el sufrimiento se disuelven, y la vida comienza a fluir con alegría y tranquilidad. Cuando actúas con la conciencia del momento presente, todo lo que haces se imbuye de una sensación de calidad, cuidado y amor, incluso la acción más simple».

—Eckhart Tolle, *The Power of Now: A Guide to Spiritual Enlightenment*

Reflexión:

Una vez escuché una historia sobre un maestro de meditación Zen que caminaba detrás de sus estudiantes de meditación y les golpeaba en la cabeza. Si recibían el golpe, significaba que se habían perdido en sus pensamientos y no estaban practicando la consciencia plena. Los otros estudiantes, que estaban completamente conscientes y presentes, podían sentir la presencia del maestro detrás de ellos y se apartaban antes de recibir el golpe. Aunque este método de enseñanza en particular parece innecesariamente violento, ilustra el poder de la conciencia.

Piensa en la última vez que te diste una ducha. ¿Sentiste el agua caliente correr sobre tu piel, o estabas deambulando en el pasado o en el futuro? Cuando escuchas a las personas, ¿estás escuchando sus palabras, consciente de su presencia, o estás en otro lugar, preparando tu respuesta o reviviendo situaciones pasadas? La vida puede ser una meditación continua si llevamos nuestra conciencia al momento presente, que es el único momento que es realmente real. Si podemos anclarnos en nuestros cuerpos y tomar conciencia de nuestra respiración, esa conciencia ilumina los colores, intensifica los olores, agudiza nuestros sentidos y da a la vida la riqueza que le falta cuando estamos en nuestro ego. Para devolver tu consciencia al momento presente, observa las yemas de tus dedos y siente tu sentido del tacto. Observa cómo tu respiración mueve tu abdomen. Imagina tu energía fluir de regreso a tu cuerpo y siéntela desde adentro. Permanece en el presente y ánclate allí.

Respirar.

«Respiré hondo y escuché el viejo alarde de mi corazón. Yo soy, yo soy, yo soy».

—Sylvia Plath, *La Campana de Cristal*

Reflexión:

Tu aliento es tu amigo más antiguo y más leal, aunque posiblemente el más subestimado. Intentemos algo juntos—respira profundamente, llenando lentamente las cuatro esquinas de tus pulmones con aire nuevo y fresco. Deja que tu vientre se expanda. Siente cómo tus pulmones se estiran. Aguanta el aire. Déjalo salir, exhalando más lentamente de lo que inhalaste. Expulsa hasta la última pizca de aire estancado hasta que tus pulmones anhelen otra respiración. Dale a tu cuerpo otra respiración. ¿No se siente bien?

Cada vez que le damos al cuerpo lo que necesita, sentimos placer. Disfruta de la experiencia de darle a tu cuerpo el aliento que desea. Deja que se convierta en tu esencia y la realidad de tu ser. Recurre a tu respiración como a un viejo amigo. Deja que te ancle en el momento presente y que te consuele cuando estés molesto. Sumérgete en tu respiración cómo si fuera un abrazo, y disfrútalo.

Creatividad.

«Haz lo que te dé vida [...]. Sigue tus propias fascinaciones, obsesiones y compulsiones. Confía en ellas. Crea lo que sea que cause una revolución en tu corazón».

«Una vida creativa es una vida ampliada. Es una vida más grande, una vida más feliz, una vida expandida y una vida mucho más interesante. Vivir de esta manera, sacando a la luz de manera continua y obstinada las joyas que están escondidas dentro de ti, es un arte fino, en sí mismo».

—Elizabeth Gilbert, *Libera tu Magia: Una vida creativa más allá del miedo.*

Reflexión:

Uno de mis estudiantes de inglés se ha pasado la vida siguiendo las instrucciones al pie de la letra. Es un ingeniero mecánico que solo se compra camisetas negras y grises, lee estrictamente no ficción y, hasta hace poco, se creía incapaz de ejercer la expresión creativa. Durante nuestros dos años de clases juntos, cambié su opinión porque resulta que hablar un idioma extranjero es una actividad intrínsecamente creativa. Tienes que buscar sinónimos y expresiones paralelas cuando no encuentras las palabras, y usar analogías, metáforas y soluciones creativas para expresarte. ¿Hay algo más creativo que eso?

Él viene del mundo de las matemáticas, donde solo hay una respuesta correcta, una solución clara al problema y existe la perfección. El mundo de la creatividad no te ofrece esa seguridad porque debes tomar decisiones que comuniquen mejor lo que quieres decir para poder expresar tu creatividad. Hay espacio para la interpretación y la perfección no existe. Este mundo nos permite leer entre líneas, encontrar significados ocultos y saber que no hay una respuesta correcta o incorrecta.

Todos somos seres creativos y nuestra creatividad se puede ejercer en cualquier momento. Nadie está excluido de la creatividad. Algunas personas están más conectadas con su creatividad que otras, y algunas la manifiestan de formas más estándar, como pintar, escribir o tocar música. Todos los humanos somos creativos, pero como mi estudiante de inglés, algunos no son conscientes de ello. La jardinería es creativa. También lo es cocinar, construir, hacer origami o reorganizar los muebles.

Cuando te sientas desconectado/a de tu creatividad, recuerda lo que hacías cuando tenías diez años. ¿Entonces qué hacías? ¿Pintabas figuras? ¿Cortabas papel en forma de copos de nieve? ¿Hacías pasteles hermosos con tu mini horno? ¿Dibujabas caricaturas? ¿Trenzabas el pelo de tu hermana? Sea lo que sea ¡hazlo! Deja que tu niño interior desentierre tus impulsos creativos.

Soñar.

> «Aférrese a los sueños,
> Porque si los sueños mueren
> La vida es un pájaro de alas rotas
> Que no puede volar.».
> —Langston Hughes

> "«La conciencia sucumbe con demasiada facilidad a las influencias inconscientes, que a menudo son más verdaderas y sabias que nuestro pensamiento consciente».
> —Carl Jung

Reflexión:

No puedo imaginar mi vida sin sueños, y no me refiero a los sueños de esperanza. Me refiero a esas locas películas de fantasía que se ven en mi cabeza todas las noches. ¿Pero qué son? Descartes tachaba los sueños como una pérdida de tiempo, cosa que tiene sentido desde una perspectiva racionalista, ya que la neurociencia ha descubierto que la corteza prefrontal, o el centro del pensamiento lógico y crítico del cerebro, se echa una siesta bioquímica cuando dormimos. Freud pensaba que los sueños eran deseos reprimidos, generalmente sexuales, expresados por el id, también conocido como mente inconsciente. Jung se centró más en los símbolos y las imágenes, y creía que los sueños formaban un puente entre la mente inconsciente y consciente, con el cual se comunicaban pistas para resolver los problemas que ocupan nuestra mente consciente.

Algunas personas creen que los sueños son imágenes de vidas pasadas o comunicaciones de seres en otros planos energéticos. Otras afirman que no son más que composiciones aleatorias de sonidos e imágenes recopiladas por el cerebro mientras se resetea cada noche. Yo creo que los sueños son una especie de diálogo con nosotros mismos y todas las cosas que percibimos e intuimos, ocasionalmente con una consciencia colectiva. Tiendo a estar de acuerdo con Jung en su afirmación de que los sueños contienen sabiduría y perspicacia sobre las cosas que nos preocupan durante nuestras horas de vigilia. Intenta llevar un diario de sueños o hacer una nota de voz por las mañanas para recordar tus sueños. Puede que encuentres patrones o símbolos que puedan remediar ese bloqueo creativo o iluminar una posible solución a un problema que tu mente consciente no ha podido resolver.

Explorar.

> «Nadie averigua de qué se trata la vida verdaderamente, y no importa. Explora el mundo. Casi todo es realmente interesante si lo profundizas lo suficiente».
>
> —Richard P. Feynman

Reflexión:

No necesitas planes de viaje extravagantes para explorar y participar en el mundo que te rodea. Viajar no siempre es una opción para todos, lo que aprendimos colectivamente durante 2020. Además, dejando de lado las restricciones globales, la economía personal de muchas personas no les permite viajes a Bali o Perú.

Hay mucho de lo que aprender y disfrutar en cualquier lugar del mundo. Haz una excursión a lugares como las montañas, un pueblo pequeñito en el que nunca has estado, un museo en tu ciudad que nunca has visitado, un huerto o un viñedo, o un paraje natural. Mantén los ojos y la mente abiertos e investiga.

También te animo a no limitar tu exploración al plano físico. Al final, la idea detrás de Wanderlust Words Publications es tomar el concepto de la palabra inglesa *wanderlust*, que es el impulso de explorar territorios nuevos, y volverlo hacia adentro. Esto canalizará ese anhelo de estimulación y experiencias reveladoras, usándolo para explorar las profundidades de tu ser y excavar tu alma en busca de los diamantes que se encuentran dentro. Puedes concordar tu viaje físico hacia lo desconocido con un viaje metafórico por tu conciencia, donde la exploración es ilimitada.

Amistad

«¿Por qué hiciste todo esto por mí?» preguntó[K1] . «No me lo merezco. Nunca he hecho nada por ti».

«Has sido mi amigo », respondió Charlotte. «Eso en sí mismo es algo tremendo».

—E.B. White, *Charlotte's Web*

Reflexión:

Necesitamos comunidad y prosperamos cuando nos sentimos conectados. Tener relaciones satisfactorias y de amor mutuo con otros seres es la esencia de la plenitud. Es importante que demostremos nuestro aprecio por las personas en nuestras vidas a través del apoyo, el no juzgar y el simplemente estar allí. Nuestras amistades cambian y evolucionan a medida que nosotros lo hacemos, lo cual es normal y natural, pero las amistades también pueden desvanecerse si no las cuidamos activamente. Cosas como una llamada telefónica, una tarjeta de cumpleaños, una pregunta reflexiva o una cita para almorzar quizá parezcan gestos pequeños, pero desempeñan un papel importante para que las personas sepan que nos importan y queremos estar conectados. Por otro lado, si alguien te regala su amistad, no lo des por sentado. Un verdadero amigo no da para recibir, da porque quiere, pero cuando eso es recíproco, la amistad florece y se convierte en el tesoro más preciado.

Gratitud.

> «La raíz de la felicidad es la gratitud...No es nuestra felicidad que nos hace agradecidos; es la gratitud que nos hace felices».
>
> —David Steindl-Rast

Reflexión:

El hermano David Steindl-Rast, monje y erudito interreligioso, habla prolíficamente sobre la gratitud. En sus exquisitas meditaciones sobre el agradecimiento, postula que mientras la mayoría de nosotros pensamos que las personas felices están agradecidas, la verdad es que funciona al revés; las personas que están agradecidas son felices. La gratitud nos lleva a la felicidad. Él dice que el agradecimiento ocurre cuando se nos da algo verdaderamente valioso por lo que no hemos trabajado, comprado o ganado. Cuando recibimos este regalo, nuestro corazón se llena de gratitud, y cuando esto sucede, la felicidad también lo llena.

Si podemos aprender a vivir con gratitud en lugar de tener experiencias de agradecimiento ocasionales, podemos vivir con alegría. Lo único que tenemos que hacer es abrir nuestra consciencia a los muchos regalos que se nos dan en cada momento de cada día. Estos regalos no siempre son materiales. Si el agradecimiento no te llega de forma natural, puedes incorporar una práctica de agradecimiento que te ayude a armonizar con tu gratitud. La hora de la comida puede ser una gran oportunidad para hablar sobre algo lindo que recibiste ese día. He puesto una caja de gratitud en mis aulas de clase y en casa donde todos los días los participantes escriben algo bonito en un papel y lo dejan dentro de la caja, lo que también permite la tradición muy agradable de leer las notas de gratitud al final de la semana. También puedes comenzar las entradas de tu diario con algo por lo que estás agradecido/a.

Honestidad.

«Si no cuentas la verdad sobre ti mismo, no puedes contarla sobre los demás».
—Virginia Woolf

Reflexión:

Ser honestos con nosotros mismos no solo es más difícil que ser honestos con los demás, sino que también es un requisito previo. Si yo mismo no sé que tengo miedo, que se están cruzando mis límites o que no se satisfacen mis necesidades, ¿cómo puedo comunicárselo a otras personas? Ser honesto consigo mismo requiere valor porque la verdad a menudo es mucho más incómoda que las mentiras que nos decimos a nosotros mismos, y es por eso que lo hacemos.

La meditación puede conectarte con tu autenticidad. Escribir en un diario, pasar tiempo a solas, pasear por la naturaleza y darte una pausa prolongada, son hábitos que te ayudan a vislumbrar tu verdad a través de las nubes, e identificar lo que es real en tu corazón. Cuando nos conectamos con nuestra verdad, la niebla que nos rodea se disipa, y otras verdades también se vuelven más visibles. Cuando uno consigue dejar de lado los juegos de mente, las justificaciones y las excusas, para verse a sí mismo como realmente es, podrá hacer lo mismo con los demás.

Adentro.

«Lo que buscamos en el nivel más profundo es asemejarnos interiormente, más que poseer físicamente, a los objetos y lugares que nos tocan a través de su belleza».

—Alain de Botton, *La Arquitectura de la Felicidad*

Reflexión:

La creencia de que la adquisición de bienes materiales puede incrementar nuestro valor interior y nuestra belleza es uno de los grandes perpetuadores del sufrimiento humano, y es lo más alejado de la verdad. Si fuera cierto, la depresión y la inseguridad solo afectarían a los menos pudientes, y aquellos con acceso ilimitado a las cosas materiales serían el pináculo de la satisfacción y la alta autoestima. Se nos dice desde una edad temprana que el dinero no puede comprar la felicidad, sin embargo, no importa por dónde miremos, la sociedad capitalista occidental nos enseña lo que nos falta y luego consumimos un producto o experiencia para llenar ese vacío. Pero nada externo puede llenar jamás un vacío espiritual. Jamás. En lugar de intentar poseer las cosas, debemos dejar que las cosas materiales de este mundo nos alcancen a nivel espiritual. Cuando algo externo nos parece hermoso, podemos dejarnos tocar por esa belleza, permitiendo que se mueva y se altere algo dentro de nosotros, y así incorporarlo a la fibra de nuestro ser.

Escribir.

> «El diario es un vehículo para mi sentido de identidad. Me representa como emocional y espiritualmente independiente. Por lo tanto, no se limita a registrar mi vida diaria real, sino que, en muchos casos, ofrece una alternativa...».
>
> —Susan Sontag, *Reborn: Diarios y Cuadernos 1947-1963*

Reflexión:

No hay reglas para llevar un diario. Escribir un diario es mantener una conversación contigo mismo. Es un proceso de desacelerar tus pensamientos y luego canalizarlos en frases y la ilustración ocasional. No hay juicio ni presión, lo que abre espacio para la honestidad y la claridad. No es necesario ser escritor para llevar un diario. Solo tienes que ser un ser humano con pensamientos, sentimientos e interacciones con el mundo.

Pueden suceder cosas asombrosas en las páginas de un diario, pero nunca podemos tener expectativas de ello porque las expectativas son la antítesis de la práctica de llevar un diario. Intenta escribir media página al principio o al final de cada día. Si es tu primer cuaderno, comienza por contar los eventos del día simplemente. A medida que te sientas más cómodo/a con tu rutina, empieza a tejer algunas reflexiones sobre tus experiencias entre los comentarios más rutinarios, y déjate llevar por las líneas de pensamiento que surjan. Cuando termines, cierra el cuaderno. Los diarios no son para leer justo después de escribirlos.

Bondad.

«Sea amable siempre que sea posible. Siempre es posible».

—Dalai Lama XIV

Reflexión:

¿Alguna vez te has preguntado por qué a menudo es más fácil ser brusco y más difícil ser amable? A veces, incluso, nos resulta casi imposible. En primer lugar, es importante tener en cuenta que la bondad que mostramos a los demás es un reflejo directo de la bondad que nos damos a nosotros mismos. Cuando estamos equilibrados, centrados y en armonía con nosotros mismos, reaccionar con amabilidad en vez de con ira se vuelve más natural. Por el contrario, cuando sufrimos internamente, nuestro ego nos empujará a descargar nuestro sufrimiento en las personas que nos rodean. Intentamos arrastrarlas con nosotros porque, como dice la frase inglesa, «la miseria ama la compañía». La verdad es que ser amable requiere más esfuerzo, especialmente cuando estamos descontentos con el mundo. Pero puede llegar a ser profundamente satisfactorio e incluso sorprendente cuando encontramos la fuerza para hacerlo. Otro dicho común nos anima a devolverles bien por mal, y aunque no debería ser nuestra motivación, nuestra amabilidad, ocasionalmente, [K1] se recompensa con más amabilidad a cambio. Si alguien te está tratando mal, tal vez lo que necesite es que se le enseñe cómo hacerlo mejor. Muéstrale amabilidad y tal vez siga tu ejemplo. ¿Y si no es así? Al ser amable, en primer lugar, fuiste amable contigo mismo/a. Nutriste tu propia fibra moral y ahí es donde ocurre la curación más importante.

Amor.

> «El camino del hacedor de milagros es ver todo el comportamiento humano como dos cosas: o amor o una llamada al amor».
> —Marianne Williamson

Reflexión:

«Amor» es la palabra más importante en cualquier idioma, pero las muchas definiciones de la palabra no le hacen justicia. Según el Cambridge Dictionary of English, el amor es la sensación de sentirse atraído romántica y sexualmente por otro adulto o también puede referirse a tener fuertes sentimientos de agrado por un amigo o una persona de tu familia. Entonces, ¿el amor es solo un gusto más intenso por algo? Mmm, no.

Según Merriam-Webster, el amor es un «afecto fuerte por otro que surge del parentesco o los lazos personales». Esta es una mejor definición, pero no excelente. La Real Academia Española (RAE), llama al amor «un sentimiento intenso del ser humano que, partiendo de su propia insuficiencia, necesita y busca el encuentro y unión con otro ser». ¿Cómo? El amor no es un sentimiento que llena un vacío, ni un impulso para encontrar una unión, el amor comprende que ya estamos todos unidos.

Voy a intentar definir el amor: el amor es la luz que se enciende cuando comprendes que todo está conectado, que no terminas donde termina tu cuerpo, que, en palabras de Rumi no eres una gota de agua, sino todo el océano en una sola gota. El amor es mirar a los ojos de otra persona y verte a ti mismo.

Magia.

> «Y sobre todo, observa con ojos brillantes todo el mundo que te rodea porque los grandes secretos siempre se esconden en los lugares más inverosímiles. Aquellos que no creen en la magia nunca la encontrarán.
>
> —Roald Dahl

Reflexión:

La magia está en todas partes y es la chispa que enciende nuestro asombro. Hay magia en un paisaje, en un cielo lleno de estrellas y en una hermosa obra de arte. Más allá del típico ejemplo, hay magia en las cosas pequeñas y sutiles que rara vez nos detenemos el tiempo suficiente para apreciar. El asombro es un sentimiento de reverencia y admiración, inspirado por algo grandioso y sublime. Me sobrecoge el asombro cuando empieza a llover fuerte, como puede hacer aquí en la costa Mediterránea, y la niebla se forma de manera tan espesa que apenas puedo ver mis manos si estiro los brazos frente a mí. Lo siento cuando mi querida amiga me envía vídeos de sus hijos viendo o haciendo algo por primera vez. Su asombro inspira mi asombro. Lo siento cuando mi pareja me muestra compasión en mis momentos desagradables y me abraza en vez de reprocharme. Lo siento cuando mi perra, Lola, espera a mi otra perra más intrépida, Laila, cuando estamos de excursión, porque no quiere que se pierda. Lo siento cuando mis flores de hibisco florecen. ¿Cuándo lo sientes tú?

Naturaleza.

«El camino más claro hacia el Universo es a través de un bosque salvaje».
—John Muir

Reflexión:

Los grandes rascacielos grises, las luces de la ciudad y el ruido del tráfico me dan ganas de esconderme dentro de mí misma. Anhelo el lugar suave y tranquilo al que voy cuando estoy rodeada de naturaleza. No me malinterpretes. Las ciudades son lugares increíbles llenos de cultura e innovación. Me encanta visitar la ciudad, pero nada cura mi alma como la dulce quietud de la naturaleza.

¿Conoces esa sensación de calma, serenidad y de estar conectado a tierra después de pasar un día en la playa, moviendo los pies descalzos en la arena? Los estudios han demostrado numerosos beneficios para la salud de la «conexión a tierra»: la práctica de colocar los pies descalzos directamente sobre la tierra y absorber los electrones negativos de ellaa través de las plantas de los pies, seha demostrado que reduce la inflamación, mejora el sueño, alivia el dolor y mejora el estado de ánimo, entre muchas otras cosas. Cuando paso tiempo en el bosque o en la montaña es como una visita a casa después de estar años en la carretera. Me asienta y me ancla. Es un recordatorio de que la mayoría de las cosas en mi vida son, en realidad, superfluas. La naturaleza nos enseña el poder de la regeneración y la hermosa realidad de la interconexión. La naturaleza es lo que siempre fue antes de que los humanos hicieran cualquier otra cosa. La naturaleza es lo más auténtico que hay.

Observar.

«La capacidad de observar sin evaluar es la forma más elevada de inteligencia».
—Jiddu Krishnamurti

Reflexión:

Observar sin juzgar nos permite apreciar un evento sin considerarlo en relación con otro. Nos libera de las comparaciones, y cuando no comparamos, nos volvemos más agradecidos y menos propensos a desear algo más. Hay mucho que aprender a través de la observación, y más aún cuando nos abstenemos de evaluar lo que hemos observado, ya que nuestras evaluaciones pueden incluir fácilmente una falacia lógica o una deducción errónea.

Hace años, llegué al supermercado y me encontré con un caos en el parking. Era un viernes por la noche antes de un fin de semana de tres días, y tuve que dar vueltas y vueltas por el parking antes de encontrar un sitio donde aparcar. La gente estaba tan desesperada que se había apañado sitios de aparcamiento donde ni siquiera existían. Cuando finalmente encontré un espacio, tuve que meter el coche en un ángulo, ya que los dos coches a cada lado se habían aparcado fuera de sus líneas. Me sentí tan aliviada de poder hacer mis compras por fin.

Mientras no tenga hambre, me encanta ir al súper. Me tomo mi tiempo, considero nuevas recetas, pruebo algunas muestras, es una maravilla. Después de una hora de este viaje de compras en concreto, regresé a mi coche y encontré una nota garabateada y dejada debajo del limpiaparabrisas que decía: «Buen trabajo con el aparcamiento. ¡Intenta pensar en los demás la próxima vez, idiota!». Como la criatura sensible que soy, y porque aún no había aprendido el poder de no tomarme las cosas personalmente, esta nota me rompió el corazón. Los coches alrededor del mío se habían ido y nuevos vehículos habían llegado. Esta vez, se estacionaron en línea recta y dentro de sus líneas, haciéndome parecer una egoísta que había estacionado en doble fila, para cualquiera que observara y evaluara.

Percepción.

> «Si estás angustiado por algo externo, el dolor no se debe a la cosa en sí, sino a tu estimación de la misma; y esto lo tienes el poder de revocar en cualquier momento».
>
> —Marcus Aurelius, *Meditaciones*

Reflexión:

Se nos da una elección en todo momento. Podemos optar por aferrarnos a nuestra realidad percibida, con todas sus interpretaciones y sus juicios, o dar un paso atrás. Todo lo que percibimos pasa por un filtro, que es diferente para cada persona y está formado por nuestras experiencias infantiles, los acuerdos que hemos hecho con nosotros mismos, la forma en que nos identificamos con nuestro ego, las creencias que tenemos sobre nuestros pensamientos, etc. Cuando nuestras percepciones pasan por ese filtro, les damos una interpretación, y luego le damos a esa interpretación un juicio de valor. Es un error caer en la trampa de pensar que existe una sola realidad verdadera, y un error aún mayor es creer que las interpretaciones de nuestra realidad percibida constituyen esa única realidad verdadera.

La hipótesis de la relatividad lingüística establece que el idioma que uno habla afecta la forma en que uno piensa. En el idioma ruso, no existe una sola palabra genérica para el color azul. En cambio, un hablante de ruso debe hacer una distinción obligatoria entre el azul más claro, «goluboy», y el azul más oscuro, «siniy». Un estudio en el MIT ofreció evidencia sobre la percepción del color en diferentes idiomas, mostrando que los hablantes de ruso son, en realidad, más rápidos que los hablantes de inglés en *percibir* diferentes tonos de azul. Esto no se debía a que sus ojos fueran diferentes, sino que su lenguaje los había condicionado a ser más perceptivos. Si el idioma que hablamos puede afectar la forma en que percibimos los colores, imagina cómo la colección de experiencias de una sola persona podría colorear su percepción de la realidad.

Quietud.

«Cuanto más silencioso te vuelves, más puedes escuchar».
—Ram Dass

«Si
el océano
puede calmarse,
tú también puedes.
ambos
somos
agua salada
mezclada con
aire».
—Nayyirah Waheed

Reflexión:

Blaise Pascal dijo una vez «Todos los problemas de la humanidad se derivan de la incapacidad del hombre para sentarse tranquilamente sólo en una habitación». Esta famosa cita me recuerda que la inquietud, la ansiedad y el aburrimiento no son desgracias modernas, sino obstáculos básicos que forman parte de la experiencia humana. Sí que es cierto, y ahora más que nunca, que es más fácil distraernos y adormecer nuestro dolor con nuestros aparatos tecnológicos. Aun así, sentarse tranquilamente a solas nunca ha sido fácil.

Cuando estamos quietos, podemos escuchar nuestros pensamientos internos. A veces son desagradables, pero también contienen información a la que no se puede acceder sin escuchar en silencio. La mayoría de las veces, no nos damos cuenta de cuándo nos estamos disociando de una emoción o situación incómoda, especialmente cuando usamos tecnología y estimulación externa, cuando vemos la televisión, por ejemplo. Hace años, yo tenía la televisión encendida constantemente. Ponía una serie en mi teléfono para hacerme compañía mientras preparaba la comida, o dejaba las noticias mientras limpiaba la casa, solo para tener un poco de ruido de fondo. No me daba cuenta de que estaba evitando estar a solas conmigo misma, y definitivamente no me daba cuenta de que el ruido y la estimulación constantes debilitaban mi conexión con mi intuición y mi luz de guía. No concebía el valor de apagarlo todo, incluso las luces, y simplemente sentarme en la tranquila oscuridad. Pero ahora sí lo hago. Cuando apagamos las luces, se ven las estrellas. Cuando apagamos el ruido, se escuchan nuestros corazones.

Reflexionar.

«Todos los consejos que le diste a tu pareja son para que tú los escuches».

—Byron Katie, *Cuestiona tu Pensamiento, Cambia el Mundo*

Reflexión:

El proceso de indagación de Byron Katie, al que ella llama «The Work», tiene que ver con la reflexión. Ella nos enseña a cuestionar nuestros pensamientos de una manera que nos lleva a una nueva comprensión de una situación dolorosa. Con esta nueva comprensión, podemos ver que muchas veces, nuestro sufrimiento es causado por los pensamientos que elegimos creer.

El proceso de la indagación implica hacerse cuatro preguntas sobre una creencia que causa dolor. Voy a elegir la creencia: *mi pareja siempre tiene que llevar razón*. La primera pregunta que debe hacerse es si esta creencia es cierta. Yo respondería que lo es. A continuación, pregúntate si puedes estar seguro/a de que es verdad. En este caso, yo tendría que decir que no. ¿Cómo puedo saber a ciencia cierta lo que siente otra persona, o las verdaderas motivaciones detrás de sus acciones?

A continuación, pregúntate cómo reaccionas cuando te crees el pensamiento. En mi caso, me siento frustrada. Me pongo a la defensiva, me cierro y necesito que él sepa lo equivocado que está. Necesito que vea que la que tiene razón soy yo.

Ahora, pregúntate quién serías sin el pensamiento. Imagínate allí. Si no creyera que mi pareja siempre tiene que llevar razón, no estaría tan impulsada a defender mi posición. Aceptaría su opinión y no sentiría la necesidad de cambiarla. Me complacería saber que no necesito que él esté de acuerdo conmigo. Estaría abierta a la posibilidad de que él tenga razón. Escucharía. Sería receptiva.

El paso final es la inversión, lo que significa darle la vuelta al pensamiento y examinar cada nueva expresión para probarla. ¿Tiene alguna verdad? Mi pensamiento invertido es que yo siempre necesito tener la razón. Cuando creo que mi pareja tiene que estar en lo cierto, me aferro a mi posición y no lo escucho. Rechazo lo que dice y me convierto en la misma persona que le culpo a él por ser. Si libero esta creencia, me libero a mí misma. Este tipo de reflexión puede ayudarnos a cuestionar nuestros filtros, reconocer nuestros roles, e identificar los pensamientos negativos y prescriptivos que alientan el conflicto. Al hacer esto, ganamos empatía y comprensión.

Sincronicidad.

«Según el Vedanta, solo hay dos síntomas de la iluminación [...]. El primer síntoma es que dejas de preocuparte. Las cosas ya no te molestan. Te vuelves alegre y lleno de alegría. El segundo síntoma es que encuentras coincidencias cada vez más significativas en tu vida, más y más sincronicidades. Y esto se acelera hasta el punto en que realmente experimentas lo milagroso».

—Deepak Chopra, *Sincrodestino: Descifra el significado de las coincidencias y crea los milagros que has soñado*

Reflexión:

En mi visión del mundo, no hay coincidencias ni eventos sin sentido. Todo tiene un significado, el que le demos, y el significado que estamos abiertos a aceptar. Sincronicidad es una palabra utilizada por Carl Jung, que describe «circunstancias que parecen estar relacionadas de manera significativa pero que carecen de una conexión causal». La apofenia, por otro lado, fue un término acuñado por Klaus Conrad, un neurólogo y psiquiatra alemán, que se refiere a la «visión sin motivo de conexiones [acompañada de] un sentimiento específico de significado anormal».

¿A qué se refiere Deepak Chopra en su libro *Sincrodestino*? ¿Es la tendencia humana a buscar patrones donde no existen, o es algo más? Mi propia experiencia con la sincronicidad ha sido más como una colaboración con lo divino. A medida que despierto espiritualmente, mi intuición se vuelve más fuerte y mi percepción se agudiza. He aprendido a captar pistas, casi como si este baile en la tierra fuera una búsqueda del tesoro, lo que me lleva a las lecciones que necesito para crecer espiritualmente. He descubierto que la sincronicidad ocurre cuando eres receptivo/a a esas pistas y las sigues, confiando en que la información correcta llegará en el momento adecuado para ayudarnos en nuestro camino hacia la autoevolución. Cuanto más presente y conectado/a espiritualmente estés, más fácil te resultará reconocer los hilos sueltos que tirar, y eso te ayudará a desentrañar la ilusión y acercarte más a la verdad.

Tolerancia.

«Nada de lo que los demás hacen es por ti. Lo hacen por ellos mismos. Todos vivimos en nuestro propio sueño, nuestra propia mente; los demás están en un mundo totalmente distinto de aquel en que vive cada uno de nosotros. Cuando nos tomamos personalmente lo que alguien nos dice, suponemos que sabe lo que hay en nuestro mundo, e intentamos imponérselo por encima del suyo».

—Don Miguel Ruiz, *Los Cuatro Acuerdos: Una guía práctica para la liberación personal*

Reflexión:

Si hablamos de tolerancia en términos de justicia social, Ayaan Hirsi Ali lo dijo mejor: «La tolerancia de la intolerancia es cobardía». Pero la tolerancia aplicada específicamente a nuestras relaciones interpersonales se puede explorar a través del segundo acuerdo del libro *Los Cuatro Acuerdos*, que es «No te tomes nada personalmente».

Creo que la base de la tolerancia, la tierra fértil que permite que crezca, es la comprensión de que nada se trata de ti. Nada de lo que te diga o haga la gente, ni sus reacciones, ni sus insultos, tienen que ver contigo realmente. Recuerda cómo el efecto espejo hace que reflejemos en otras personas nuestros sentimientos acerca de nosotros mismos. Ten en cuenta esto la próxima vez que alguien te trate mal o te critique. Esa persona está reflejando en ti algo que no tolera de sí mismo/a o no acepta sobre sus propias acciones. Y además, cuando te tomas algo personal, estás admitiendo su verdad. Si tienes una profunda y verdadera seguridad en ti mismo/a, se vuelve mucho más fácil descifrar cuándo las críticas de alguien son puntos de crecimiento válidos o son proyecciones de sus propias inseguridades. Reconocer que todos vivimos en realidades diferentes puede ayudarnos a ser más tolerantes con los demás y evitar mantenerlos en estándares que las limitaciones de sus propios mundos les impiden alcanzar.

Desaprender.

«Para obtener conocimiento, agregue cosas todos los días. Para alcanzar la sabiduría, elimine las cosas todos los días».

—Lao Tzé

Reflexión:

Hace tiempo tenía una terapeuta que estaba muy interesada en establecer límites y etiquetar a las personas y las relaciones como «tóxicas». Ella me enseñó a evaluar mis relaciones según lo que cada persona me ofrecía y lo que yo recibía de la relación. Cuando alguien no ponía la misma energía en la relación que yo, me enseñó que esta persona se estaba aprovechando de mí y que necesitaba establecer un límite con esa «persona tóxica». Esta comprensión del dar y recibir me llevó a formar un sistema de expectativas que me condujo a un estado de constante indignación. Todo lo que invertía en una relación se convirtió en una especie de moneda de cambio que denotaba el valor de mi amor, y cuando no me pagaban con ese mismo amor, me sentía estafada.

Después de una serie de profundas decepciones, comencé a reflexionar. Aprendí sobre los lenguajes del amor y cómo las personas expresan su aprecio de diferentes maneras. Aprendí que lo que la gente hace y cómo me tratan no es una indicación de mi valor, sino un reflejo de cómo se sienten consigo mismos. Finalmente, aprendí que cuando doy y espero algo a cambio, estoy poniendo una condición a mi amor. He aprendido a prestar atención al lenguaje del amor de otras personas hasta hablarlo con fluidez. Aprendí que si alguien me trata mal es porque está sufriendo. Aprendí que cuando invierto energía en una relación y le muestro compasión a alguien que me importa, la luz dentro de mí crece. No necesito nada a cambio porque ya lo estoy recibiendo.

Los límites son importantes, y cuando pasamos mucho tiempo con alguien que está en su ego, es posible que tengamos que establecer esos límites y tomar nuestro espacio. Tuve que desaprender todo lo que pensaba que sabía sobre los límites y la toxicidad para ver más allá de mi comprensión inicial, lo que me ayudó a salir de la actitud defensiva y el resentimiento hacia un lugar de compasión.

Vulnerabilidad.

«Aceptar nuestras vulnerabilidades es arriesgado, pero no tanto como renunciar al amor, la pertenencia y la alegría, que son las experiencias que nos hacen más vulnerables. Solo cuando seamos lo suficientemente valientes para explorar la oscuridad, descubriremos el poder infinito de nuestra luz».

—Brené Brown

Reflexión:

Cuando Brené Brown, una investigadora-narradora autodefinida, comenzó su investigación sobre la conexión humana, su investigación la llevó a examinar la vergüenza, el coraje, la dignidad y la vulnerabilidad. A través de seis años recopilando datos, participando en grupos de discusiones y escuchando historias, llegó a la conclusión de que la vulnerabilidad era la clave para la conexión y para vivir una vida llena de alegría, creatividad, pertenencia y amor. Su trabajo como investigadora consistía en controlar y predecir. Descubrió que una vida plena y feliz consistía en un «despertar espiritual», un término que le dijo su terapeuta. Esto incluyó reprimir la necesidad de controlar y predecir durante los momentos en que sintió que estaba teniendo una crisis de nervios.

Ser vulnerable requiere agallas. Te permite ser auténtico/a, dejar ir a quien crees que deberías ser y dar un paso hacia quien realmente eres. Cuando nos permitimos ser vulnerables, también nos dejamos amar de manera real. En lugar de tener un amor forzado, falso o condicional, podemos experimentar un amor real y auténtico. Nada es más satisfactorio que ser visto/a por quien eres y ser amado/a sin pretensiones.

Voluntad

«Enfréntate a las partes oscuras de ti mismo y esfuérzate por desterrarlas con iluminación y perdón. Tu disposición a luchar contra tus demonios hará que tus ángeles canten».

—August Wilson

Reflexión:

La opción de autodesarrollo siempre está ahí. Los recursos están disponibles para cualquier persona que tenga acceso a Internet o posea un carné de biblioteca. Hay maestros a nuestro alrededor que pueden guiarnos si se lo permitimos. Dicho esto, asumir la responsabilidad de tu presencia en este mundo y dedicar el tiempo y la energía a darle sentido a todo, a encontrar orden en el caos, es una travesía abrumadora. Encontrar y enfrentar las partes de ti que te causan vergüenza, y arrojar luz y amor sobre esas partes, es noble y necesario si quieres ser un participante genuino en esta realidad colectiva y tener algún grado de control sobre tu experiencia en este plano físico. Más importante que el coraje, la inteligencia emocional, tener un trasfondo espiritual, o tener cualquier tipo de formación en los campos del autodesarrollo, es la voluntad. Si estás dispuesto/a a enfrentarte a tu oscuridad, ponte cara a cara con tus demonios y di: «Está bien. Hablemos». Las cosas se alinearán y las oportunidades se presentarán para que hagas ese trabajo. Solo di que estás listo/a y el trabajo llegará.

Expandir.

«La vida se encoge o expande en proporción al coraje de cada uno».
—Anais Nin

Reflexión:

El mundo es un lugar grande y hermoso, y a veces aterrador. Cuando esperamos pequeñas cosas de la vida porque eso es lo que sentimos que nos merecemos, recibimos pequeñas cosas. Cuando somos pequeños, nuestro mundo es pequeño, pero cuando crecemos y nos expandimos, las posibilidades que se nos brindan también crecen.

Tengo que aprovechar este momento para reconocer que a lo largo de la historia, la expansión se ha fomentado en los hombres y se ha reprimido —en grados variables y, a veces, mortificantes— en las mujeres. Se nos presenta más resistencia cuando ocupamos espacio, nos aventuramos en lo desconocido y reclamamos lo que nos merecemos. Pero somos más que capaces de hacerlo. Toda persona tiene derecho a perseguir su propia felicidad, sea como sea, siempre que su felicidad no perjudique a otra persona.

No tengas miedo de crecer, expandirte, pensar en grande y ser dueño/a del espacio en el que te encuentras. Estás donde debes estar; el hecho de estar allí es la prueba. Ten confianza en eso. Una práctica tonta que puede ayudarte a crecer, abrirte y expandirte es poner música y bailar como loco. Mueve los brazos y las piernas, finge que estás haciendo un baile moderno nuevo que se ha puesto de moda y ocupa el espacio que tienes todo el derecho a ocupar.

Yin & yang.

«Demos gracias por nuestras sombras porque existen en primer lugar por la presencia de luz».
—Kamand Kojouri

Reflexión:

El yin y el yang son contrapartes y, sin embargo, se están convirtiendo el uno en el otro de manera perpetua y sin fisuras: están eternamente conectados e interdependientes. Están unidos. La noche se funde con el día, el día se funde con la noche y juntos forman un todo. Necesitamos tanto la luz como la oscuridad para que cualquiera de los dos tenga sentido, así como necesitamos el frío para apreciar el calor y el dolor para apreciar la alegría. Después de todo, es a través del dolor que podemos crecer y extender nuestras ramas hacia la luz.

La filosofía taoísta de Yin y Yang, introducida en el libro *Tao Te King* por el filósofo chino Lao Tsé (s.VI a.C.), es un concepto fundamental en la medicina tradicional china, y sirve de base a cómo se hacen los diagnósticos y los tratamientos que se aplican. Las enfermedades no se consideran algo ajeno al cuerpo, sino un desequilibrio del yin o el yang. Podemos usar la filosofía del yin y el yang en nuestras vidas para realinear con nuestro equilibrio. Cuando sientes un exceso de yang (rápido, concentrado, sólido, caliente, seco, agresivo; asociado con el fuego, el cielo, el sol, la masculinidad y el día), puedes incorporar más yin (lento, flexible, difuso, frío, húmedo, suave, pasivo; asociado con el agua, la tierra, la luna, la feminidad y la noche) y viceversa. Este proceso siempre fluye en busca del equilibrio, y acoge ambas partes para encontrar el todo.

Armonizar.

«La felicidad no es cuestión de intensidad sino de equilibrio, orden, ritmo y armonía».
—Thomas Merton

«El que vive en armonía consigo mismo vive en armonía con el universo».
—Marco Aurelio

Reflexión:

Para que haya armonía, deben unirse diferentes notas. Cuando esas notas se encuentran en equilibrio y sacan lo mejor de cada una mutuamente, el resultado es exquisito. La diversidad es hermosa. Las diferencias son importantes. Al encontrar la manera más agradable de combinar estos elementos diferentes y enfocarnos en lo que está en consonancia, hallamos armonía en nuestras vidas y en nuestro mundo. Estamos en armonía con nosotros mismos cuando lo que pensamos, sentimos, decimos y hacemos están en coherencia; cuando nuestras acciones están acorde con nuestros valores, y nuestros valores están en vibración con nuestra esencia de ser. Estamos en armonía con los demás cuando usamos nuestras similitudes para encontrar puntos en común y reconocemos que nuestras diferencias son lo que nos permite crear una canción interesante y dinámica. Estamos en armonía con el Universo cuando vemos la manera en que nuestra existencia contribuye a la gran composición de todo.

Sobre la Autora, Kate Vredevoogd

Las inminentes coníferas y el Océano Pacífico pintaron mi infancia de azul oscuro, gris y verde, los cuales cambié en mis años veinte por el cielo celeste, las aguas cristalinas y las palmeras verdes del Mediterraneo. Después de recibir dos licenciaturas en lingüística y lengua castellana, salí de viaje por carretera con mi querida amiga, Miette. Condujimos por EEUU de costa a costa, y al poco tiempo me mudé a España. Aquella aventura me dio la historia para mi primer libro *From the Same Quiver: A Confessional Tale of Wanderlust, Friendship and the Pursuit of Self-Identity*, el cual fue mi primera colaboración con Miette. Wanderlust Words Publications & Blog se creó en enero de 2021 y se ha convertido en la plataforma principal para mi expresión personal y expansión espiritual.

https://www.wanderlustwords.com/

https://www.instagram.com/kateinspain/

Sobre la Artista, Miette Bennich

Nací en Bellingham, Washington, donde viví hasta que me gradué de la universidad. Después de un viaje por carretera, el cual me cambió la vida, cruzando el país con mi mejor amiga, un año "sabático" por la costa este que nunca terminó, y algunas aventuras entremedio, cambié las montañas y los árboles de mi ciudad natal por las estepas áridas y el basalto columnar de la cuenca del Columbia. Allí vivo con *Mein Schatz*, mis hijos, mi jardín y mis pinturas.

https://www.instagram.com/miette_paints/

www.ingramcontent.com/pod-product-compliance
Lightning Source LLC
Chambersburg PA
CBHW061122070526
44583CB00028B/3355